PRAISE FOR *LAS HORAS IMPOSSIBLES / THE IMPOSSIBLE HOURS*

"The time has come for cross-border poetics to become a core element of a Greater American humanism. Driven by a passionate devotion to *convivencia*, Octavio Quintanilla's *Las Horas Imposibles / The Impossible Hours* transforms the hyper-situatedness of the dispossessed, the alienated, the cursed into a Cathedral of Light whose dazzling insights splash us with a searing new cosmovision."
　　　　—RODRIGO TOSCANO, author of *The Cut Point*

"*Las Horas Imposibles / The Impossible Hours* writes of La Bestia, the train that cuts off the legs of desperate Latin American exiles, turns bullets into raindrops and umbrellas, and pushes poems around on the page until they become wild word paintings. This book has much to teach us."
　　　　—SPENCER REECE, author of *The Secret Gospel of Mark: A Poet's Memoir*

"'I want to think where I'm going will be free of borders,' Quintanilla writes. These poems—informed by an artist's eye, the art shifted by a poet's vision—refuse to ignore thresholds, strange angles, and blockades. We lodge in tight corners and find prayers emerge from line and shadow."
　　　　—LAUREN CAMP, New Mexico Poet Laureate and author of
　　　　In Old Sky: Poems Inspired by the Grand Canyon

"*Las Horas Imposibles / The Impossible Hours* pushes against itself and ruptures the poetic grids inhabited by beasts, storms, scarecrows, black cows, neighbors digging graves at night, and poems that dismantle the physical and psychological structure of our realities. It invites us to confront our own mortality, and bears witness to the testimonies of rage and hope tattooed on our flesh/spirit."
　　　　—ELIZABETH TORRES, winner of the 2022 Ambroggio Prize for
　　　　Lotería: Nocturnal Sweepstakes

"*Las Horas Imposibles / The Impossible Hours* gathers seemingly simple everyday events and objects and elevates them to levels rarely seen—poems, like 'Black Cow,' where the last line delivers a punch not easily forgotten. If this were a meal, the various courses would delight my senses. With alacrity and wit, the poet pokes and jokes at life and the elements that make human existence a conundrum. I like the playful yet serious tone that disarms and allows the messages in the poem to sneak in and reverberate in the reader's mind."

—NORMA E. CANTÚ, author of *Chicana Portraits:*
Critical Biographies of Twelve Chicana Writers

"When you enter *Las Horas Imposibles / The Impossible Hours*, you step into a language-built landscape, a witness summoned by the trickster of art that will not conform to genre. Here, the reader is invited to inhabit a world both familiar and estranged, where the personal and the collective intertwine in luminous, haunting images, and poetry becomes both vessel and voyage."

—CMARIE FUHRMAN, co-editor *Cascadia Field Guide: Art, Ecology, Poetry*

LAS HORAS IMPOSIBLES / THE IMPOSSIBLE HOURS

OCTAVIO QUINTANILLA

TRANSLATED BY OCTAVIO QUINTANILLA AND NATALIA TREVIÑO

LAS HORAS IMPOSIBLES
THE IMPOSSIBLE HOURS

THE UNIVERSITY OF
ARIZONA PRESS
TUCSON

The University of Arizona Press
www.uapress.arizona.edu

We respectfully acknowledge the University of Arizona is on the land and territories of Indigenous peoples. Today, Arizona is home to twenty-two federally recognized tribes, with Tucson being home to the O'odham and the Yaqui. Committed to diversity and inclusion, the University strives to build sustainable relationships with sovereign Native Nations and Indigenous communities through education offerings, partnerships, and community service.

ISBN-13: 978-0-8165-5488-1 (paperback)
ISBN-13: 978-0-8165-5489-8 (ebook)

Cover design by Leigh McDonald
Cover art: "Radiating Affection" from *Thought-Forms* by Annie Besant and Charles Leadbeater
Designed and typeset by Leigh McDonald in Bell MT 11/14 and Korolev Compressed (display)

Library of Congress Cataloging-in-Publication Data
Names: Quintanilla, Octavio, author. | Treviño, Natalia, translator.
Title: Las horas imposibles = The impossible hours / Octavio Quintanilla ; translated by Octavio Quintanilla and Natalia Treviño.
Other titles: Impossible hours
Description: Tucson : University of Arizona Press, 2025. | Poetry. | Spanish and English.
Identifiers: LCCN 2024025379 (print) | LCCN 2024025380 (ebook) | ISBN 9780816554881 (paperback) | ISBN 9780816554898 (ebook)
Subjects: LCGFT: Poetry.
Classification: LCC PS3617.U5897 H67 2025 (print) | LCC PS3617.U5897 (ebook) | DDC 811/.6—dc23/eng/20240729
LC record available at https://lccn.loc.gov/2024025379
LC ebook record available at https://lccn.loc.gov/2024025380

Printed in the United States of America
♾ This paper meets the requirements of ANSI/NISO Z39.48-1992 (Permanence of Paper).

ÍNDICE / CONTENTS

I.

II

LAS HORAS IMPOSIBLES / THE IMPOSSIBLE HOURS

BESTIA

Le cortó un brazo.
El brazo izquierdo.
El brazo izquierdo quedó tendido
entre las vías.
Se resbaló.
Se resbaló y el tren le cortó la pierna.
Se resbaló y el tren le cortó
la pierna derecha.
Nadie vigila el tren.
Al tren nadie lo vigila.
Solo los maleantes y la lluvia
que no quiere caer.
La lluvia tiene miedo y los maleantes
quieren sangre.
El tren le cortó las dos piernas.
Cuatro mil kilómetros de pierna
para cruzar México.
El tren siempre tiene hambre.
Pero la sed tiene más filo.
El tren le cortó los senos
con la sed.
La sed como machete.
La sed del tren como machete
le cortó los senos.
Senos que amamantan la distancia.
Distancia como cobija áspera.
Cobija para los muertos.
Los muertos que vienen en camino.

BESTIA

It cut off his arm.
The left arm.
Left arm bleeding
between the train tracks.
Slipped.
He slipped, and the train cut off his leg.
Slipped, and the train cut off his right leg.
No one watches over the train.
The train never watched.
Only thugs and the rain
that refuses to fall.
Rain hides, and thugs
want blood.
The train always thirsty
and took both of his legs.
Four thousand kilometers of legs
to cross Mexico.
The train so hungry.
But thirst has a sharper blade
and sliced off her breasts.
Thirst a machete.
The train, with its machete thirst,
sliced off her breasts.
Breasts suckling the distance.
Distance a coarse weave,
blanket for the dead.
The dead who were on their way.

P(R)O(B)(L)EMA / (P)R(O)BL(E)(M)

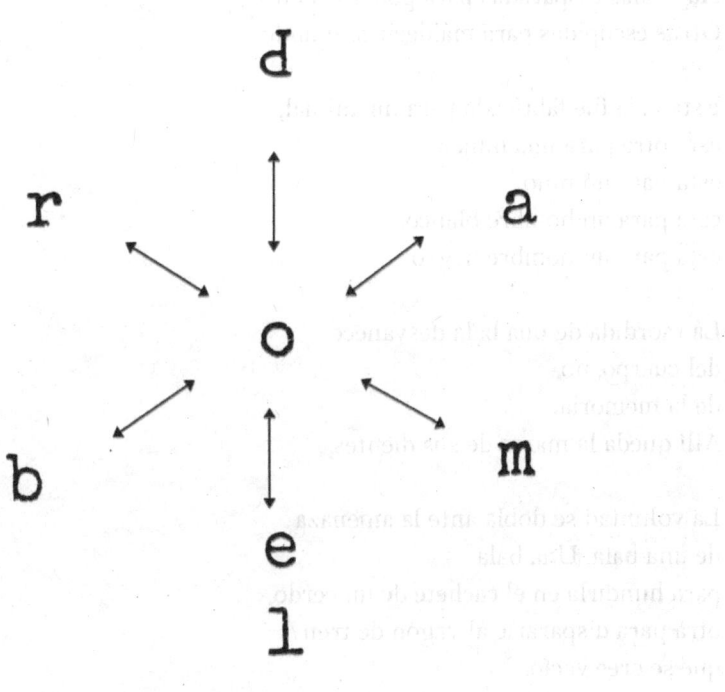

BALAS

Hay balas que en su trayectoria
quieren convertirse en gotas de agua.
Otras se apresuran para extenderse en el blanco
como paraguas.

Hay balas disparadas para poner orden.
Otras escupidas para maldecir al mundo.

Esta bala fue fabricada para un animal,
esta otra para una mujer,
esta para un niño,
esta para un hombre blanco,
esta para un hombre negro.

La mordida de una bala desvanece
del cuerpo, no
de la memoria.
Allí queda la marca de sus dientes.

La voluntad se dobla ante la amenaza
de una bala. Una bala
para hundirla en el cachete de un cerdo,
otra para dispararle al vagón de tren
que se cree vacío.

La bala no sabe quién se roba los cadáveres.
Cierra el hocico
en las interrogaciones.
La engordece el oficio de matar.

Ante la mirada agria de una bala,
el animal se traga el sollozo.
También el niño.
El hombre blanco.

El negro.
La mujer.

En el amor la bala chifla.
Acaba con el aburrimiento.
Preferible encontrar balas
que lenguaje.
Aprendemos a escribir con pólvora.

Pastor de los sicarios, la bala.
Virgen para el rebaño
de ametralladoras, la bala.

Bendita la bala que te abre la boca
para que salgas
por ella.

BULLETS

In their journey some bullets
want to become raindrops.
Others open like umbrellas
inside their target.

Some bullets are fired to keep order.
Others spit a curse.

This bullet was made for an animal,
this one for a woman,
this one for a child,
this one for a white man,
this one for a black man.

A bullet's scar fades
on the body, not
in memory.
There, its teeth remain.

A bullet doesn't know who steals corpses.
It closes its snout
during questioning.
It fattens its skill.

Before the sour look of a bullet,
an animal swallows its sob.
As does a child,
a white man,
a black man,
a woman.

The bullet wolf whistles at lovers.
Destroys boredom.
Preferable to find bullets

than language.
With gunpowder, we learn to write.

Hitman's priest, the bullet.
Machine gun's Virgin, the bullet.

Blessed is the bullet
that opens your mouth.

LOS CANALLAS Y ASESINOS

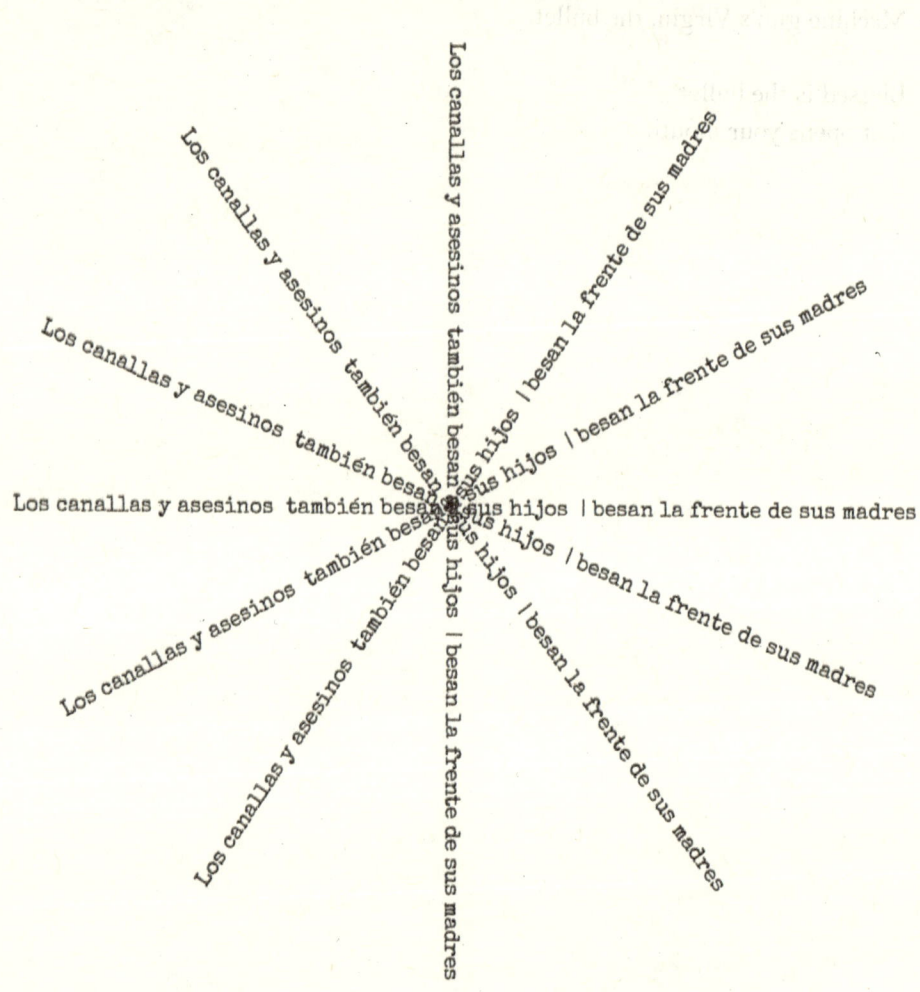

The radiating lines each read: "Los canallas y asesinos también besan a sus hijos | besan la frente de sus madres"

THUGS AND MURDERERS

Thugs and murderers also kiss their children | kiss their mother's foreheads

[POR LA NOCHE, LOS VECINOS EXCAVAN FOSAS]

Por la noche, los vecinos excavan fosas.
Creen que no nos damos cuenta,
pero el ruido de los picos y las palas contra piedra
nos despiertan.

Creemos que son fosas para enterrarse
o para enterrar a los hijos que les quedan.
La verdad, lo unico que podemos hacer es imaginar.

De nuestros hijos, sabemos poco.
Ya no los leemos en los diarios.
Ya no los vemos en la televisión.
Ya no los escuchamos por la radio.

Algunos de nosotros todavía los buscamos
en las esquinas,
en los asientos traseros de los taxis,
en las banderas que anuncian patrias.

No están.

Desaparecen las esquinas.
Desaparecen los asientos traseros de los taxis.
Desaparecen las banderas que no tienen patria
que anunciar.

Los vecinos nos despiertan con sus aullidos.
Aunque sus lámparas abren la noche con su luz,
nunca hemos visto sus rostros.
Se nos han olvidado el color de sus caras.
Como se llaman.

Cada mañana despertamos acariciando
una cajetilla de fósforos.
Nos sentamos en la esquina de la cama
y buscamos nuestro reflejo en el espejo.

Queremos asegurarnos que todavía estamos aquí,
enfrentar el vacío en los ojos y pensar
en la forma más fácil de quemar
lo que nos queda de vida.

[AT NIGHT, OUR NEIGHBORS DIG GRAVES]

At night, our neighbors dig graves.
They think we don't see them,
but the picks and shovels jabbing stone
wake us.

We think they want to bury themselves
or the children they have left.
We can only imagine.

Of our children we know so little.
We don't see them in the papers.
On television.
We don't hear them on the radio.

Some of us still look for them
on the streets, the corners,
in the back seats of taxis,
on the patriotic flags.

Nada.

Street corners disappear.
The back seats of taxis, the flags—
flags with no country disappear.

The neighbors wake us with their howls.
And though their lamps open the darkness,
we've never seen their faces.
We've forgotten their skin color,
their names.

Every morning we wake
caressing a pack of matches.
We sit at the bed's edge
looking for our reflections.

We want to be sure we're still here
and face the void in our eyes.
Discover the easiest way to burn
what is left.

HOJA OSCURA

En esta
hoja oscura también esta
tu presencia.
¿Quieres que prenda la luz?
¿Dónde quieres que te espere?
No te vayas a tropezar con el pie del sofá.
No te vayas a golpear contra la pared
cuando intentes volar. De perdido abre los ojos para saber
el punto exacto
de tu ausencia.

DARK LEAF

In this dark leaf, I feel your presence. Do you want me to switch on the light? Where shall I wait for you? Watch out for the sofa's foot. Don't hurt yourself against the wall when you try to fly. At least open your eyes so you can see the exact point of your absence.

LA HORA PERDIDA

Me despierto en la hora perdida
de la noche y escucho el viento
golpear mi ventana
con las manecillas del reloj.

No puedo dormir
porque me he dado cuenta
de que mis fantasmas
ya no me visitan.

Recordar es algo noble
pero sin futuro.
Recordar es probar cenizas.

Recordar es no poder dormir bien
y despertar en la hora perdida
de la noche para ver los rostros
de aquellos que ya no están aquí,

ver cómo te sonríen,

ver cómo te miran
sin decir

                              palabra

LOST HOUR

I wake in the lost hour of the night
and I hear the wind knocking on my window
with the clock's tiny hands.

I can't sleep.
I have realized my ghosts
no longer visit me.

Memory is noble,
has no future.
Tastes like ashes.

Remembrance is a restless sleep,
it is to wake in the night's lost
hour and see the faces of those
who've left.

It is to see how they smile,

how they look at you
without

                              utterance

TÚYOYOTÚ

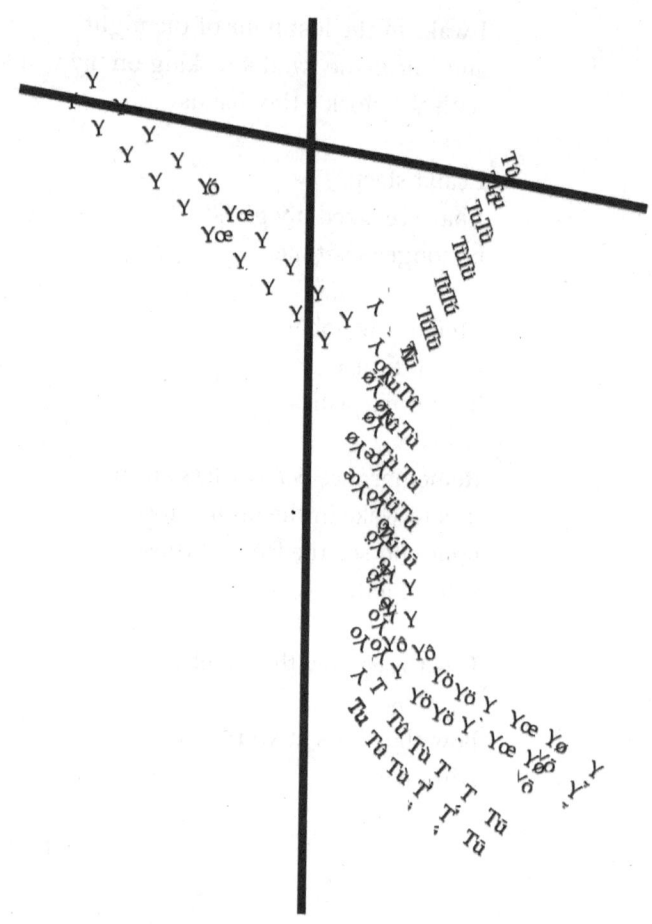

MEMEMEYOUYOUYOU

Memememememememememe | Youyouyouyouyouyouyouyouyouyou

POEMA EN EL QUE LA VIOLENCIA ACONTECE FUERA DEL ESCENARIO

No tengo noticias.
Ya no creo lo que me dicen los campos.
Los trigales enmudecen.
Callan lo que vieron.
Los toros se tragan sus lenguas porque ya no saben decir, "Justicia".
Por las mañanas despierto tocándome el rostro.
Quiero sentirlo mojarse de luz otra vez,
asegurarme de que no
me lo han quitado.

POEM IN WHICH THE VIOLENCE OCCURS BACKSTAGE

I have no news.
I no longer believe what the meadows say.
The wheat fields are silent.
They quiet what they witnessed.
The wild bulls swallow their tongues because they can no longer say, "Justice."
Every morning I wake touching my face.
Want to feel it wet with light again.
Make sure they have not taken it.

POEMA DONDE LAS COSAS SE NIEGAN A SER JAULAS / POEM IN WHICH OBJECTS OBJECT TO CAGE

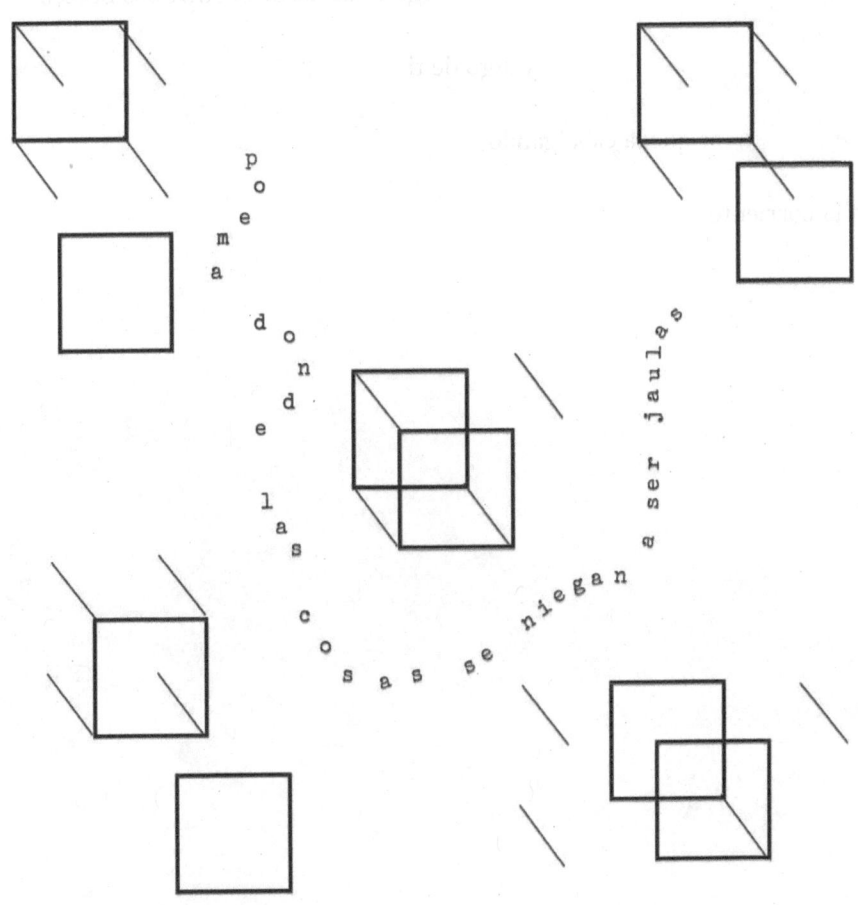

POEMA PARA LOS EXILIADOS

Cuando cruzas un río

algo te llevas de él entre tus brazos

y algo de ti

se queda cabalgando

en la corriente

POEM FOR EXILES

When you cross a river

you take something of it in your arms

but a part of you

will stay and always

ride the current

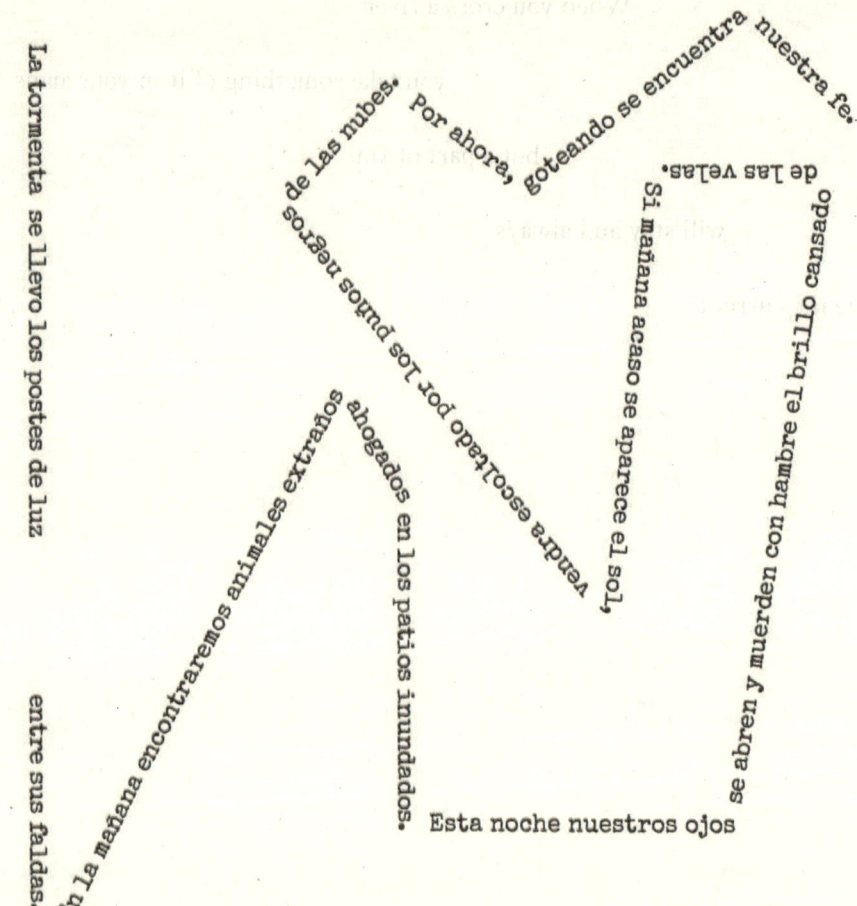

La tormenta se llevo los postes de luz

entre sus faldas.

En la mañana encontraremos animales extraños

ahogados en los patios inundados.

de las nubes.

Por ahora, goteando se encuentra nuestra fe.

vendrá escoltado por los soplos negros

Si mañana acaso se aparece el sol,

de las velas.

se abren y muerden con hambre el brillo cansado

Esta noche nuestros ojos

STORM

The storm came, carried light posts underneath its skirt. In the morning, we will find strange animals floating in our flooded yards. Tonight, our eyes open and bite hungrily into the tired glow of candles. If the sun appears tomorrow, it will rise escorted by the black fists of clouds. For now, we find drippings of our faith.

BODA

El sol no salió el día de tu boda
Todo mal augurio
El tartamudeo del viento

Tu cabello relamido
La corbata de tu hermano muerto alrededor de tu cuello
Tu madre arrastrando la nostalgia como carpa de circo
Los zapatos negros de tu padre rasguñados por el tiempo
La música con olor a ropa vieja

Pasarán años
Pasarán miles de palabras
y miles de silencios
y jamás sabrás como quitarte el cuerpo
para descansar de la vida

WEDDING DAY

No sun on your wedding day.
Everything a bad omen.

Wind's stammer.
Your licked hair.
Your dead brother's tie around your neck.
Your mother dragging nostalgia like a circus tent.
Your father's black shoes, scraped.
Music smelling like old clothes.

Years will pass.
Thousands of words will pass
and you will never learn
how to take off your body.
Give your life a rest.

TRIÁNGULO / TRIANGLE

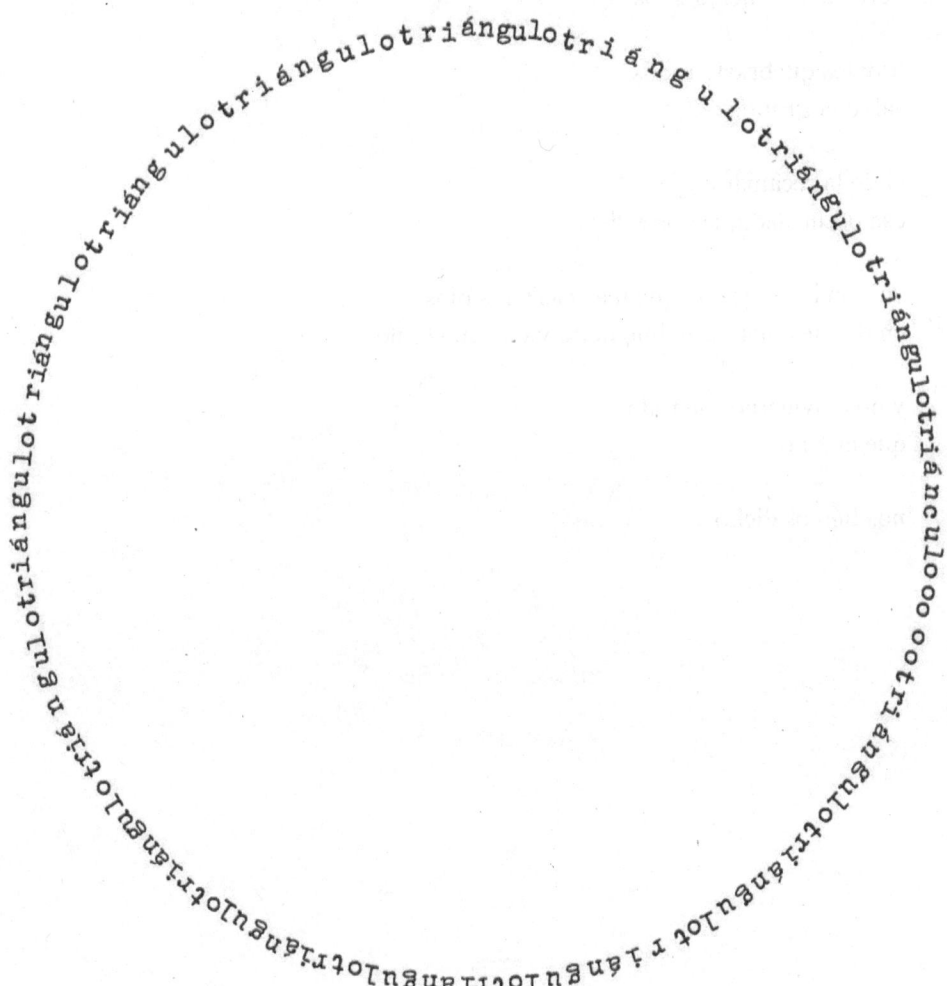

AMOR VERDADERO

me dices que los espejos quieren verte preñada
pero tu no quieres hijos

hoy los quebraste todos
salvo el grande

el de la recamara
esa oscuridad que nos refleja

en donde te ordeno que me veas a los ojos
en donde amarras el hilo de tu vida con el mío

y nos olvidamos de todo
que aún no

nos hemos dicho

TRUE LOVE

SI VED Y LA RESPIRACIÓN ME ESCOIBE

You tell me that the mirrors want to see you pregnant
but you don't want children

you broke them all
except the biggest

the one in the bedroom
the darkest, the most honest

where I order you to look me in the eye
where you tie the thread of your life with mine

and we forget everything
that we've never
said

TE VEO Y LA RESPIRACIÓN ME ESCRIBE

Te veo y la respiración me escribe
Te veo y la respiración me escribe
Te veo y la respiración me escribe
Te veo y la respiración me escribe
Te veo y la respiración me escribe
Te veo y la respiración se me escribe
Te veo
Te veo y
Te veo y la
Te veo y la respiración se me escribe

I SEE YOU AND MY BREATHING WRITES ME

I see you and my breath writes me rises and writes me I see you and my breath writes me writes itself my breath

TENGO DÍAS

I SEE YOU AND MY BREATHING WIDENS ME

que no he pensado en mi muerte.

Solo pienso en la dulzura con la que me abrazas
al mediodía,
en esa paciencia con la que me esperas
por las tardes en el umbral de la puerta.
Se me quedan esas noches cuando toso tanto
que hasta escupo la respiración.

Y tú, sin abrir los ojos,
te levantas de la cama en silencio
y desapareces.

Segundos después, vuelves
sin decirme nada,
a media luz,
en tu mano derecha el cielo
en un vaso de agua.

IT'S BEEN DAYS

since I think of my death.

I only think of the way like caramel
you embrace me midday,
think of the bright patience in how you wait

for me at the threshold each evening.
I remember the nights, when I cough so much
I spit out my own breath,

and how you get out of bed
without opening your eyes.
Disappear, then return

in silence,
in half light,
in your right hand

the heavens
            in a glass of water.

UN MURO SIEMPRE TENDRÁ AGUJEROS /
A WALL WILL ALWAYS HAVE HOLES

TU VESTIDO

cuando me quito la camisa
me quiero poner tu vestido
pensando que al ponérmelo
descubriré todos tus secretos
esos que guardas bajo las uñas
aquellos que camuflas con tu piel
quiero caminar por las calles y sentir
como reacciona tu sangre
cuando te hablan hombres desconocidos
esos que te desnudan con miradas
y se imaginan llenándote el vientre de saliva

por eso me quito la camisa y me pongo tu vestido
y te busco por las calles
cuando no estas en casa
para decirte que te quiero
con todo el mapa
que has dibujado
con mi vida

YOUR DRESS

when I take off my shirt
I want to wear your dress
thinking that when I put it on
I will discover all your secrets
those you keep under your nails
those you camouflage with your skin
I want to walk the streets and feel
how your blood reacts
when strangers speak to you
they who undress you with a look
they who imagine filling your belly with saliva

which is why I remove my shirt and wear your dress
and look for you in the streets
when you are not home
to say I love
the particular
diagram
          you've made of my life

RADIOGRAFÍA SILÁBICA DE UN SONETO

Radiografía silábica de un soneto

```
x   /   x   /   x   /   x   /   x   /
x   /   x   /   x   /   x   /   x   /
x   /   x   /   x   /   x   /   x   /
x   /   x   /   x   /   x   /   x   /
x   /   x   /   x   /   x   /   x   /
x   /   x   /   x   /   x   /   x   /
x   /   x   /   x   /   x   /   x   /
x   /   x   /   x   /   x   /   x   /
x   /   x   /   x   /   x   /   x   /
x   /   x   /   x   /   x   /   x   /
x   /   x   /   x   /   x   /   x   /
x   /   x   /   x   /   x   /   x   /


x   /   x   /   x   /   x   /   x   /
x   /   x   /   x   /   x   /   x   /
```

SYLLABIC X-RAY OF A SONNET

No sign of love found in the syllabic X-ray of a sonnet

LO IMPOSIBLE

A veces queremos lo imposible.

Queremos encontrar un camino
que nos lleve a donde nace el tiempo.

Y así nunca te he dejado,
aunque los días se arrastren
como serpientes frente a mi puerta.

Te digo: nunca tengo tiempo para ser feliz
o para tener orgullo.
Para arruinar mi vida, un camino
a sido suficiente.

Si esta vez me dejas, también déjame la tarde
en que no nos conocimos.

El día que deje de escribir,
será el día que te haya olvidado.

THE IMPOSSIBLE

Sometimes we want the impossible.

We want to find a path that takes us to where time is born.
And so I have never left you
even when the days dragged their bellies
like serpents in front of my door.

By now you know, I never had time
to be happy or have pride.
To ruin my life, this road has been enough.
If you leave me, also leave me the afternoon
we never met.

The day I stop writing
will be the day I have forgotten you.

METÁFORA

¿Cuál es la metáfora adecuada para decir,

"Comienza el exilio"?

Las arañas y las víboras han perdido sus nidos.

Los potreros en llamas.

Tanto pájaro volando que pedazos de cielo

desaparecen.

METAPHOR

What's the metaphor to say,

"Our exile begins"?

Spiders and snakes have lost their nests.

Pastures aflame.

So much bird, wing, and flock in flight

that the heavens all

        but disappear.

VACA NEGRA

La vaca negra de mi padre
entra en mi memoria.

Le doy piquetes cerca del culo
con la garrocha

como cuando tenía siete años.
Le ordeno que trague agua.

¡Bebe, vaca estúpida!
Bebe lo que queda de mi infancia.

BLACK COW

My father's black cow
ambles into my memory.

I poke it close to its asshole
like when I was seven.

I urge it to drink water.
Drink, stupid cow!

Drink what's left
of my childhood.

CASA VACÍA

Nos habita la amnesia // somos su casa //
cerramos las puertas y las ventanas // para que no escape //

nos borramos las venas // nos encarcelamos //
negamos que tuvimos infancia //

nos tocamos con manos invisibles //
nunca tuvimos manos //pero sentimos un dedo
repasar nuestra cara //

en el cenicero // la memoria //
en los brazos que me faltan // pesas
igual que una niña muerta //

EMPTY HOUSE

Amnesia inhabits us // we are its house //
we close our doors and our windows / so it can't escape //

we imprison ourselves // erase our veins //
deny our childhood //

we touch ourselves with invisible hands //
we never had hands // but we feel fingers trace our faces //

in the ashtray // memory //
in the arms that I am missing // you weigh the same
as a dead girl //

DESMANTELANDO MI MENTE /
CARTOGRAPHY OF COGNITIVE DISSONANCE

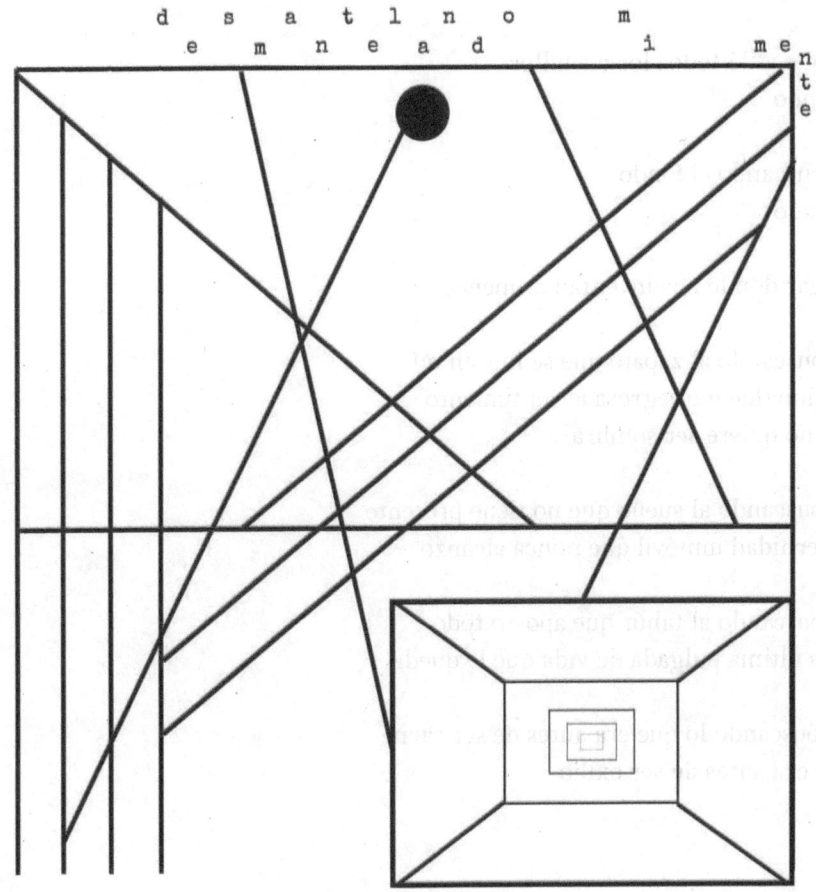

LO QUE BUSCO

Ando buscando al que se robó
todas las piedras del mundo

A ese que afiló todos los cuchillos
del mundo

Ando buscando el fondo
del tiempo

Ese lugar donde nos inventan crímenes

Ando buscando al zapato que se fue sin mí
Al camino que me regresa al sentimiento
que ya no quiere ser sombra

Ando buscando al sueño que no tiene presente
A la eternidad inmóvil que nunca alcanzo

Ando buscando al tahúr que aposto todo
salvo la última pulgada de vida que le queda

Estoy buscando lo que era antes de ser carne
Lo que era antes de ser exilio

WHAT I AM LOOKING FOR

I am looking for the man who stole
all the stones in this world,

for the one who sharpened all the knives
in our kitchens

I am looking for the bomb of time,
that place where crimes are invented for us

I am looking for the shoe that made its way
without me,

for the road that takes me to a feeling
that no longer wants to be a shadow

I am looking for the dream and the gambler
that have no present, the eternity I never reach.

Tell me: if I keep looking, will I find
what I was before I became flesh?

What I was before I became an exile?

LO QUE NO VES / WHAT YOU DON'T SEE

CASA IMAGINARIA

Me ruegas que te compre una casa
no importa en donde sea

en un campo

en donde el cielo permanezca azul
hasta en los días que todo nos duela

Una casa, en el campo o en la ciudad,

en donde las ambulancias
llenas de heridos y difuntos

nos despierten con sus gritos

plegarias

IMAGINARY HOUSE

You beg me to buy you a house
no matter the address

on a field

where the skies remain blue
even when everything hurts

or in the city
where ambulances

full of our wounded
awaken us with their cries

prayers

JAULA PARA EL VIENTO / IF WE COULD CAGE THE WIND

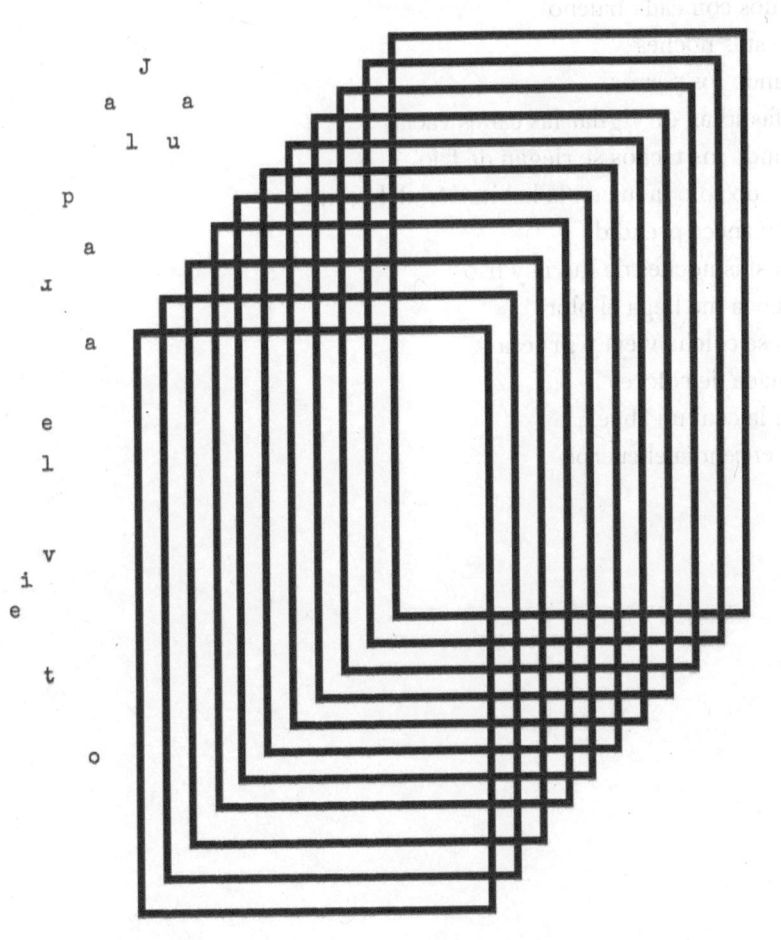

NOSTALGIA

En estas noches de lluvia
cuando el cielo se parte
en dos con cada trueno
en estas noches
cuando los perros
se fastidian de vigilar las calles vacías
cuando los techos se riegan de frío
cuando solo la luz en la habitación del vecino
permanece prendida
en estas noches de lluvia y frío
todavía me llega el olor
de esa colcha vieja y gruesa
mojada de colores
con la cual mi abuela
me encendía el cuerpo

NOSTALGIA

On these rainy nights
when each clap of thunder
breaks the sky in two
when the empty streets
annoy watchful dogs
when the roofs tremble in the cold
when the only light there is
brightens a neighbor's bedroom
these are the nights when
I can still smell the damp colors
on the thick and aging blanket
with which my grandmother
ignited my dark chill.

LA ORILLA DE LA NOCHE

Le diré a mi madre que deje de cubrirse los pies
con la orilla de la noche.

Que me prometa no morir en diciembre
como lo hizo mi padre.

Imagínate la navidad:

Las gardenias con la nieve en la punta
de sus lenguas.

Los perros enjaulados lamiendo el invierno
de sus huesos.

Ya no tengo estrellas en mis manos
para alumbrar caminos.

Por eso te pido, madre: ya no te cubras los pies
con la orilla de la noche.

NIGHT'S EDGE

I'll tell my mother to stop covering her feet
with the edge of night.

Ask her to promise me not to die in December
like my father did.

Imagine Christmas:

Gardenias with snow on their tongues' tips.

Caged dogs licking winter
off their bones.

I no longer have stars in my hands
to light up the way.

Please, mother: don't.

CARTA PERDIDA

Se te muere
Se te muere
Se te muere alguien
Le pides al cielo que espere
Le pides que se trague la tormenta
Mañana no tiene ayeres
y por eso amas con furia

Escondo tu retrato bajo una piedra
pero no sé qué significa mi acto
El crítico dirá que quiero olvidarte
Pero no
Pero sí
Se te muere la felicidad
Qué fácil es decirlo
"Se te muere"
Se te muere la cama donde todo
nos gustaba
y por donde mirábamos
a través de la ventana
los poemas que las nubes escribían
en el cielo

En las malas, a Dios le doy las gracias
Por ejemplo, le doy las gracias
cuando se muere la luz
        en el cuarto donde decías
        que me extrañabas

Gracias
Gracias

Tu padre está enfermo
Y mi madre se me muere

Se te mueren las memorias
Ya no te acuerdas a dónde querías ir
Ya no me acuerdo por qué llegaste
        a mi vida

———————

Se te mueren
Se te mueren los días
Los días se desnudan y entran a tu cama
        oliendo a tierra
Te encierras por las tardes
        y dejas de verte al espejo
        por las noches
Ya no te gustas
No quieres que nadie te llame por teléfono
Que nadie toque tu puerta
Y nadie te llama, nadie te toca

La novela que escribías, se la regalas
        al mar
        Los poemas también
Trecientas páginas con el nombre de ella
No era una novela
Era una oración, era un pecho abierto
Su nombre no se te olvida
        aunque nunca se lo susurraste
        al oído
Por eso le pides a tu madre
        que ya no te haga cariños
        como si fueras un niño

Ya estás al pie de la nada
Pero de nada sirve la nada
        cuando Dios ya no te da explicaciones
Ya no te habla como antes

Ahora estás siempre solo
    contigo mismo

Y se te muere
Se te muere la lluvia al tocarte
Se te mueren los pies
Se te muere el camino bajo
    tu sombra
Te escribo con tinta que muere

———————

Con tinta a la cual le faltan letras
Tu y yo sabemos que el buen sentimiento
    nunca queda impune

Te lo digo como me lo han dicho
Pero no tengo miedo
Eres a la que le cuento sobre
    mis océanos más brillantes
La que se pierde en lo más triste
    de mis entrañas
Luciérnaga que nunca llega
    a la gran noche que rodea mi vida
Llegué a tu amor con un adiós
    entre las piernas

Es la verdad
Me escuchaste gritarle a los árboles
Me enrojecías de luna

En ese entonces, todo era importante
hasta las montañas que no saben
    que existen
Y así viven las montañas, sin saber que existen
hasta que los árboles les recuerdan de que tienen sombra

y envían a sus pájaros a decir,
"Buenos días"
Los árboles hablan con las cabezas
de los nidos
Las flores con el agua entre
sus pétalos
Y en las praderas, todo muere
Se muere el rocío
Se muere el rocío en las alas
de las gaviotas
Se muere el rocío en las alas
de las gaviotas que no tienen
a dónde ir

────────

En donde no he vivido es donde vivo
Bajo las tumbas
en donde se me olvida que existo
Cuando te mueras, habrá más poesía
Las mentiras buscarán pareja
Ya no habrá sobrevivientes de guerra
Habrá más hambre
Más víctimas del odio
y también más victimas del amor
~~Habrá más poesía~~
Todo no es amor y todo lo es
Hasta cuando se mata al prójimo
con la mirada
Con el odio se dice, "Te amo"
Se dice, "También conozco a
Jesús"
En el odio se sueña a Dios

En el amor las horas se nos hacen
espuma

Con amor al enemigo lo aventamos al horno
Con amor ruge el olvido y también
        la llama
El amor es la dentadura del odio
Y así moriremos
en ciudades diferentes
en tierras mojadas de versos
        pero secas de poesía
Anoche le llamé a mi amada
        por tu nombre

————

Anoche quise ser sincero
Quise manchar mi alma de carbón
        y decirle al mundo, "Mira cómo
        brillo"
Llamar a los criminales por sus nombres
Liberar a los nidos vacíos
        de sus jaulas
Abrir la puerta que se abre al infinito
Retar al mal
        Decir:"He aquí mi oreja"
        "He aquí mis ojos"
        "He aquí mi pasaporte"

Ya mi padre está en la guarida
        de los ángeles
¿Y el tuyo?
Las manos de tu padre todavía florecen
        con la tierra que no cultivó
Pero morirá
Moriré
Morirás

Estira tu mano y acaricia
     el alacrán que te traigo acurrucado
     en una rama
Vasta tu mirada, ~~basta tu mirada~~
Como el primer día de primavera
O como el alba que se me unta
     al cuello
Acaricia el veneno de la palabra escrita
Mete los dedos en su boca
Y su anochecer te dirá de dónde vengo

———

No sé dónde nací
Hay un papel que dice que nací
     en una ciudad con un nombre
impronunciable
Sé que cerca hay un río
y a veces es difícil saber
     de qué lado del río estoy

Me dijiste que te gustaban los ríos
y yo te conté
     de la primera vez que maté
     a un jilguero
Cargo su muerte todavía
Hasta cuando te hago el amor
Y tú cargas la memoria
     de un río inexistente donde
     quieres ahogar a tu padre
para que ya no sufra
para que ya no te mire con ojos
     de ciervo herido

Mírame bañar a mi madre
No, mejor no

Te cierro la ventana
Mírame pagar por sexo
No, mejor no
Nunca he pagado por sexo
No quiero ser amo de nadie
O que alguien se adueñe de mí
 por haber pagado por amor
Pero por amor nunca se paga
Se cree que es así, pero no
Se paga para ver al mundo cerrar
 sus ojos

———————

Se paga para ver al tigre iluminado
 por el ojo del cazador
"No traigo ni un centavo en la bolsa",
 decían los viejos
Ahora el dinero llega fácilmente
La muerte lo trae bajo sus tetas
¿La has visto?
¿A la muerte?
Le gusta la cerveza y los AK-47s

Te digo: lo frío que se siente
 el beso de una .45 en la frente
Me pasó en una tarde hirviendo
 de moscas
Pero sin prisa, todo sin prisa,
 y si paciencia tienes, te contaré
 cómo le gusta coger a la muerte
Y también te diré de aquel amor
 que nunca llegó

Toda poesía es evidencia
 del amor

Toda poesía es mordida ponzoñosa
Toda poesía es un arroyo con
     veinte cuerpos sin vida
Uno arriba de otro
Una flor arriba de otra
Una memoria aplastada por otra

La poesía es huérfana
     y llega a mi puerta pidiendo
un padre, una madre, una soga
Basta
No sé si es tu boca la que habla
o es la boca de los siglos

———

Y así mueren los años
y tú joven como la esperanza
Tu cuerpo exacto
¿Cómo poder imaginar otro?
Después del tuyo nada cabe
     en mi pulso, nada cabe bajo el tronco
de mi cerebro

Quédate

Vete

No

Ya vi nacer la luz en tus miedos
La gacela de tus ojos
Ya me comí el corazón del lobo
Quédate, si es que quieres perderte
     en el humo de los meses
Perderte en la vereda que se convierte
     en interrogación

Quédate
Pero si te quedas, yo me voy
Mi corazón todavía es un país
        de inmigrantes
Todavía es lengua del colibrí
Trato de morder la música
        que se me escapa
Deseo que esa última nota les llegue
        a los refugiados
        que se conforman con un pan duro

Se acabó la multiplicación
Ahora se pueden contar las estrellas
Se pueden contar los tweets
        de las mentes enfermas

———

Se pueden contar los tweets de los gobernantes
        codiciosos
Se pueden contar los tweets
        de los gobernantes cerdos
Se pueden contar los tweets
        de los gobernantes cobardes
Se pueden contar los tweets
        de los gobernantes chupahuevos

Hermano, apaga la luz
        para poder
hablar con el filo
        del puñal

Chinga tu madre
        en un tweet
Chinga el lenguaje
        que no te alcanza
Chinga "te extraño"

Chinga "mañana será un día mejor"
Chinga "el tiempo alivia"
Chinga la madre de las jaulas
Chinga el comando asesino
Chinga las pistolas de los policías
Chinga las macanas
Chinga la nostalgia por días
   mejores
Chinga las botas de los militares
Chinga el manojo de todas mis vidas
Chinga "quizás"
Chinga la oscuridad
Chinga el adiós

———

Se te muere
Se te muere la búsqueda
Se te muere la batalla

Se te olvida cruzar la frontera
Se te olvida ir a México
Se te olvida cómo se siente
   el peso de la incertidumbre
México ya no te recuerda
Se te perdió la brújula
Tú te diriges al norte y tu sombra
   al sur
A veces no sabes en dónde estás
   o por qué estás

Sobre la mesa dejas una bolsa negra
   de plástico llena de palabras

Se te muere siempre
Se te muere nunca

Lo único que te espera antes de
        nacer—la muerte

No levantes la mano porque te matan

Quédate callado

No, mejor grita
Grítate en dos a las diez de la noche
Diles que existes
        aunque no te crean
Diles que tienes
        documentos
        con tu nombre
Esta vez grita
        porque para
        ti siempre será difícil probar
        tu existencia

———————

Te soñé embarazada
En el sueño te pregunté si el bebé
        iba a tener visa o pasaporte
        para entrar a este mundo
Desperté queriendo saber la hora
        exacta de mi nacimiento
Desperté antes que tú y te vi
        dormir
Observándote, escuchándote
Imaginando tus ovarios, escuchando
        tu respiración, tan suave, que hasta me
        quería cubrir con ella
Te pregunté si querías un hijo
        o una hija
Me dijiste que preferías un perro

Yo te quise decir que ya no
      quería lastimarte
Que sería mejor que me fuera
Tú me pediste que me quedara
Y me quedé
Y entonces me di cuenta que
      no sabía para qué había nacido
Y así vivimos – yo como caballo
      en una pradera llena de yeguas
Y tú como un bosque sin puerta
Pero un día encontraste una ventana
Y te saliste de un mundo que creías
      que deseabas y entraste a otro
      que no sabías que deseabas
Y aunque podía haberte retenido,
      te dejé partir y empecé a construir
      una tumba

———

Me llega el relincho de un caballo
Anochece en el ser que aún no soy
Me llega el ladrido de un perro
El ladrido y el relincho han llegado
      a mí desde otro país, otra vida
Han cruzado océanos
Han cruzado montañas
Han cruzado cielos que no tienen
      lenguaje

Me resisto a pronunciar la palabra que
      pensé ser
Los años avanzan en mi sangre
      y ya extraño el ser que fui que no
      ha llegado

Quiero pensar que a donde voy
        no habrá fronteras
No habrá horizontes
No habrá necesidad de tener conciencia

Me pierdo como un ladrido en la
        noche
Como un relincho
Hay algo tibio en mí que
        aún no he
        descubierto
También
        voy a perderlo
Y lo tibio en ti
        no supe apreciar

Nada me colma tanto
como una ladera en llamas

———

Un día ya no podré soñar y
nos encontraremos en una
        ciudad en donde el idioma no nos
        conozca
En donde nos deshagamos de nuestros
        nombres

Imagínate: Llamarnos solo con los ojos
Llamarnos con el deseo que crece
        cada vez que llegamos al borde
        de nuestra piel
Intercambiar nuestras bocas
Intercambiar nuestras manos
        para aprender a tocarnos con
        ellas

Imagínate: Estar siempre dentro
        del otro
Si te vas, tus manos se quedan
        conmigo
Si besas a alguien más besarás
        con mi boca y no con la
        tuya
Ya no quiero salirme de mi
        cuerpo
Ya no quiero salirme de mi
        cuerpo y meterme al del
        perro que no sabe de
        ilusiones y que no tiene interés
        en el futuro

Es fácil decir que quiero morirme
        pero otra cosa es aventarme
por la ventana

————

Decir: "Quiero vivir solo hasta que el
        próximo tren llegue"
Decir es decir y nada más
Es aire que sale de los pulmones
Y el tren llegará y se marchará
Y tú te quedarás bajo las ramas
        del árbol que ha meado su cáncer

Cierra los ojos y mira qué fácil es
        ver la luz de la luna
Es tan fácil querer morir y luego
        no llegar a tiempo al paso
        del tren
El tren se va a un destino que tiene
        hora

¿Y si llego a tiempo?
¿Qué dirá el mundo que cree que me
    conoce?
¿Qué dirá mi madre al verme muerto
    antes que ella?
Todos mis hermanos todavía viven
Nadie quiere morir antes que yo,
    el primogénito
Nadie quiere regresar al vientre
    de la tierra con una vela negra
    entre las manos

Primero yo
No sé
No sé cómo rehacer el nido que
    construí en el más alto de los árboles
La mano del viento se lo llevó y solo
    me dejó un mapa dibujado con estrellas

———

Un mapa que tampoco me llevará a ti
Tengo ilusiones otra vez porque
    sé que cada día que pasa
    mis ojos pierden luz
Un día estaré ciego completamente
    y no podré escuchar el rugir
    del mar
Por eso sé que se muere
Se muere lo que toco y lo que
    me toca
Se muere el hierro y el maíz
Se muere el zopilote y también
    su vuelo

"No te entiendo", me dices
"¿Qué quieres decir?"
Y te contesto que yo también
        a veces no entiendo al poema
Me dice una cosa y, dos o tres
        líneas después, cambia de opinión,
        me dice otra, o niega lo que ha dicho
A veces se enoja conmigo y quiere
        putearme, así me lo dice, a lo pelón

"Pendejo", le digo, y lo rompo
        en pedacitos para que se lo lleven
        los pájaros en sus picos

Hace tiempo una mujer me escribió
        un poema
Era un poema abstracto, con símbolos
        que solo una mujer enamorada de un hombre
        que no le corresponde
puede descifrar

———

Me lo envió por Facebook a las tres
        y media de la mañana
La hora, en realidad, no importa
        para ti
Pero para mí sí—es la hora
        en que quiero dormir pero no puedo

Creo que no puedo dormir porque
        en mi vida anterior fui un asesino
Un criminal
Un sociópata
No me acuerdo cómo llegué al poder
        pero llegué

Después de la primera probadita,
    me enganchó el sabor del mando
Qué bien se sentía mover un dedo
    y mover un pueblo
Mover un pueblo y llenar mi ego
El ego es el más cabrón y el más
    demandante

Lo quería todo
Todo lo quería
Y poco a poco se lo empecé a dar
Mi ego y yo éramos los mejores
    amigos
Éramos cómplices, inseparables
Llegó el día en que le propuse a mi
    ego reunir a todos los que me
    caían en la punta de la verga
A mi ego le encantó la idea y
    decidimos hacer una fiesta

———————

Era la fiesta del año así que todos
    querían asistir
Llegaron alcaldes, gobernadores,
    estrellas de cine, estrellas de televisión,
    periodistas, reporteros, varios curas,
    pastores, intelectuales públicos,
    varios poetas, artistas,
    varios diplomáticos, empresarios,
    modelos, jefes del
    crimen organizado, parece que hasta
    un payaso andaba allí; andaban varios
    rusos, un chino, tres alemanes. Si
    la memoria no me falla, creo que
    también varias prostitutas andaban

en la fiesta
Bueno, el punto es que la fiesta
    fue un triunfo
Después vino lo mero bueno
Mi pandilla de animales lavados
    del cerebro me ayudaron con la
    tortura
Primero mandé chingar
    a su madre a los periodistas
A esos cabrones
    los subí a la cuna
    de Judas para que
    se les abriera el culo por
    hablar mamadas de mí
Me pedían perdón

———————

Y me confesaban todos los crímenes
    de su imaginación
Me dijeron que yo era el que
    tenía razón, ¡que todas las
    putas noticias eran falsas!
Lo sabía pero quería escucharlo

Ahora, antes de seguir con este
    cuento, quiero que recuerden
    que todo esto sucedió
    en mi vida
    anterior

O hace varias vidas anteriores
La verdad, mi ego ya no se acuerda

Después siguieron los intelectuales
    públicos

A estos cabrones
　　hice que los decapitaran
　　por habladores
Y luego siguieron los pinches poetas
A estos hijos de perra les ordené
que recitaran la *Ilíada*
　　　de memoria
Tan pronto como cometieran un error, ordenaba
　　　que los aventaran a la doncella de hierro
Hubo mucho lloriqueo
pero madres me valió

───────

¿Quieren saber qué hice con extraños
　　　e inmigrantes?

Mira, mejor no te cuento
Mejor déjame decirte que la
　　　tercera vez que le vendí mi
　　　alma al diablo
perdí a mi padre

Después me cansé de regatear
　　　con él y dejé de ser más diablo
　　　que el diablo
Y le dije,
　　　"Quédate con todo,
Quédate con los desiertos
　　　y con los burdeles
Quédate con la iglesia de mi
　　　niñez
Quédate con las medias negras
　　　de mi amada y con los versos
　　　que me queman la lengua
Quédate con el ombligo

de mi hijo muerto
y con las semillas que guardábamos
para el invierno

"Hijo de puta", le dije, "quédate
con el lucero de mi muerte
y con la cuerda que no
sostuvo mi peso
Quédate con todo porque
todavía siento la memoria
de una puñalada
en el costado"

———

Pero el diablo ya no me interesa
Ni el ego
Para apagar mi fuego, gasolina
Para sentirme suicida, un poema

Leo a un poeta que escribe
poemas largos, tan largos
como la distancia entre
tú y yo
~~Y me dan ganas~~
~~de decir algo~~
~~como, "Anoche soñé que comía~~
~~carne humana", decir,~~
~~"No, no te preocupes, no soy~~
~~caníbal"~~

En el poema que quiero
escribir pero que aún no he escrito
me lavas los pies
como Cristo se los lavó
a la prostituta

Así como se los lavó al carnicero
        después de quince horas de
        matanza
Me los lavas tiernamente
        como Cristo lavó las piedras
        en el desierto

Y te pregunto si aún rezas
        por mí
No me dices nada y me miras a los pies

Esta noche cena con la boca colectiva de
        los niños inmigrantes que han muerto
        bajo la custodia de la migra

—————

Se te muere
Se nos muere
El futuro se me queda atrás
        así como la casa
        en la cual crecí
Estoy en el presente
        que siempre está pasando
        y mira mis brazos
        que no se contentan
        con lo que abrazan

El mundo no se levanta
        contra mí, solo tú
        lo haces
Por eso quiero verme
        con tus ojos
        para saber cómo se
        vive con una enfermedad que crees
        nadie más tiene

Tendido en la cama
    con los brazos cruzados
    escucho las paladas de tierra
    caer sobre mí
No me gusta cómo se siente
    ser olvidado

El futuro regresa lleno de ti y me ofrece
    una hoja de papel
    para que escriba mil veces que moriré
Y tú, y tú seguirás pensando
    lo peor de mí

———

Le pido a Dios que me dé tu dolor
La enfermedad que pesa en tu alma
    como ladrillo

Que me dé tus pensamientos
    oscuros que te llevan de la mano
    hacia la orilla del río
Ya no tienes palabras para el mundo
    y el mundo guarda
    su silencio

Dios mío, bendíceme con el dolor
    ajeno
Regálame el tatuaje
    canceroso de mi vecina
Regálame el miedo
    de la madre que no
    tiene papeles
Ella que se apaga
    como el sol tras
    el horizonte

cuando ve una
patrulla fronteriza

Dios mío,
alégrame el día
con la tristeza
y la angustia
de ese niño
que ha sido
separado de sus padres

Yo sé cómo se siente
y también sé cómo se siente
ser separado de un hijo

———

Señor, bendíceme con la pulmonía
crónica de mi madre
y con el terror que siente
cuando uno de sus hijos
sale a la calle
Otros ya te han pedido lo mismo,
Señor, y te pido que me dejes
ser tu bufón
Te haré reír, Señor
Te haré temblar
Te hare jerga

Así se muere, Señor
Así te mueres, Señor
No es súplica
Es el deseo de besar
la calaca de tu boca
No tengo la fuerza
para levantar lo infinito
de lo que muere

¿La tienes tú?

Olvídame,
     Señor, y déjame
     vivir entre
     las piernas
     de mi amada
Dame tiempo
     para apaciguar
     sus miedos,
     ensalivarla
     con hijos

La vida es tan larga que cada cinco
     minutos me enamoro

———

Cada cinco minutos me preño
     de amor
¿Y tú, mi amor?
¿Cuántas veces te han
     dicho que el amor dura tan
     poco?
Pero para ti no es lo que dura el
     amor sino esos cinco minutos
     que agrega a tu vida
Y quieres un poco más de vida
     porque has tenido días
     en que ni la poesía
     te salva

Días blancos
     con manchas
     negras
Tardes

                    como
                    palomas
                    sin pico

Tardes
            cuando
            se te
            olvida
            todo
y despiertas
            de repente
            para darte
            cuenta que
            manejas contra
            el tráfico

────────

Por eso te digo: "Escribe ahora
            que llegará el día que no podrás

"Lee ahora que llegará el día
            que tus ojos olvidarán el sonido
            de las letras"

Mira a tu padre: se le olvida
            cómo tocarte
Míralo, intentando leer el libro
            que escribió hace años
Ya ni sostenerlo puede

¿Para qué escribir
            tu nota suicida?
¿Dónde empezar?
Si dices, "No se culpe
            a nadie",

mientes
Siempre hay culpables
Los poetas que cargan
        traumas también escriben
        sobre las muertes que han vivido
Escriben sobre cómo
        penetran o son penetrados
Escribir la verdad es lo que
        quieren
La verdad que siempre está a punto
        de huida

Escribe porque tú también
        vives con la desgracia
De eso está hecha la poesía
De esa carne podrida
De esas aguas negras

———

De esas aguas donde las hormigas
        nadan
Donde se estremecen las
        cabezas decapitadas
Donde me derramo para decir
        que te extraño
        igual que mi sombra se derrama
        por la pared

A este mundo le duele la leche que no le sale
La que no te tragas
La que se desperdicia y florece
        en las fisuras del aire

Veo la luz de luna
        reflejada en el agua

y me imagino
que así es como tus besos
permanecen encendidos
en mi piel
Encuéntrame otra vez, mi amor,
en esa calle donde nuestros años
se convirtieron en una sola edad
Encuéntrame otra vez, mi amor,
en esa ciudad donde las sílabas
de nuestros nombres no son
más que pájaros en vuelo
y nuestras vidas florecientes
se vuelven una sola
respiración

Dormiste en mis brazos y yo
desperté en la tierra
de tu niñez

———

Desperté con más arrugas
Con un ojo abarrotado
de sangre
Con cara de cerveza
y los pies entumecidos
Desperté ladrando
y tú empachándome
con tus pechos

Por eso ya no sé de arados
ya no sé de bueyes
ya no sé cómo se siembra
la semilla amarga
de nuestras
últimas horas

Ya no reconozco
    el sello
    de lo sagrado
y tampoco el ahuecamiento de la
    muerte

Y lo peor es que a ti tampoco te importa
    si te rompes como un
    vaso lleno de cicatrices

Vives en la superficie de la historia
    y ya ni a tu amante favorita te le antojas
y no importa que estés desnudo
    y tu verga embarrada de miel
    o de dinero, las abejas ya no
    se te arriman con sus aguijones
Hasta las moscas te huyen

———————

Por eso se te muere
Se te muere el relámpago
    y también la obsesión de vivir más
    que los demás

Se te muere el dinero en las manos
y también las manos en el cuello
    de tu amada
Pero no importa
Tu mujer te abandona
    y te quedas solo
    en el mundo como
    espantapájaros

Recuerdas cómo le besabas
    los pies

cómo al estar con ella
no sabías si era la hora
la que cambiaba o el que
cambiaba eras tú
Ahora ella cuando escupe un diente
también escupe el sabor de
tu falo
No te odia porque te ha olvidado

El tiempo te plaga la cara
de caries
En la mesa nos dejas el
excremento de la incertidumbre
Mueres a contra viento
Y así, nos dejas tu cuerpo en la
cama y tú te vas
aunque la mosca de tu alma no quiera
morir

———

Se te muere el caballo de la tarde
Se te mueren las ciudades
tatuadas en tus brazos
Esas que nunca visitaste
Y esos brazos más pesados
que el cráneo
de un becerro
Endurecidos tus dedos
Endurecida tu belleza

¿Pero cual belleza?

Le pides una
cachetada
a tu nuevo amor

Le dices santa en vez
        de pura
Le pides que te confiese
        todo
Todo antes de ti
Los chistes que le
        sacaban carcajadas
Los tamaños de las
        manos que tomaron
        la suya

Hermanos
"¿Cuántos hermanos tienes?"
        le preguntas
Y ella guarda silencio
Te rasguña con la herida
        que le hicieron antes de llegar
        a ti

———

Y así, sin pensarlo mucho, te amenaza,
        "Si me dejas le diré a tu esposa
        que me coges
        cuando te da
        la gana"
Ahora entiendo
        por qué me
        llamaste hijo
        de puta esa
        vez

Yo con mi
        camisa almidonada
y tú aburrida
        con las

amonestaciones
        de Dios
Ya los ángeles
        te tienen
        hasta la madre

Ya no pagas
        la factura
        de la luz
        porque quieres
        oscuridad continua
Interminable, como el otro amor
        puro, el otro amor que no es
        de Dios
El otro amor que existe en el temor
        que sentías en tu infancia

————

Puedes encajar toda tu vida en
        un solo pecado
En un guante blanco
En el ósculo de una serpiente
¿Quién te salvará del matrimonio?
~~¿Quién salvará tu matrimonio?~~

El ego se te sale por la boca
Es por eso que montas potro ajeno
Te enlodas en su pelo
En su bálano bailas
¿Cuántos pasos
        más para llegar a tu muerte?

Para comerte esa distancia
        te has cortado
        todos los músculos del
        cuerpo

Nervio que duerme
El poema desvelado y delatándose
        con un grito
Dios esta vez guarda silencio

Ya se cansó
        de existir

Sabes, Dios me escribía cartas
        todos los días
        hasta que un día
        dejaron de llegar

Un ángel me visitó en
        el sueño y me dijo que su Señor
ya no podía hacer
        nada por mí

——————

Del sur te traigo una jaculatoria
También una jaula repleta
        de dólares

Vete

No te vayas

Vete

No te vayas

Ya sabes que te busca
        el gobierno
¿Quién es el gobierno?
¿Quién da las órdenes?

¿Las órdenes de matar?
¿Las órdenes de suprimir?
¿De deportar?
¿Quién es el culpable?

Un día me dijiste
    que siempre hay culpables
Siempre hay una víctima
    y un beneficiado

¿Quién eres tú?
¿Cuál muerto te cargas entre
    los dedos?
¿Con cuál difunto abres la
    puerta de tus mañanas?

No quiero ser culpable, pero sé
    que lo soy
No quiero ser víctima, pero el patíbulo
    se me clava
    en la espalda

———

Hay una frecuencia que no entiendo
Intervalo bestia
Repetición sin perspectiva pero
    que sin embargo duele

Espérame achacosa para discutir
    mejor

Monocromático tu interior
    y así como quiera te alimento
    ese sitio que ya nadie visita

Compuesto de moretones
　　　se aprovecha
　　　y nos enseña
　　　el hábito
　　　de la traición

En ese entonces
　　　tu cerebro olía
　　　a mandarinas
La costumbre se vuelve
　　　costumbre y cualquier
　　　promesa que hagas se
　　　desacostumbra
　　　a cumplirse

Espérame para madrugar
　　　disparado y descansar
　　　en donde te muerdes
　　　el rostro

———————

El gesto de tu rostro que más amo
　　　es el que todavía no he visto
El que no me enseñas
El que envejece cobijado bajo
　　　tu pena

Ábrete para poder decirte
　　　que quiero escribir una canción
　　　que te enamore
Una canción que le dé la vuelta
　　　a lo que nunca he sido
　　　y a lo que nunca seré
　　　y que alguien la escuche
　　　en otro mundo, tal vez,

en otro continente
en otra ciudad
y que se enamore de mí

Antes de ser yo, fui hueso
de tus pensamientos
Tú también me quisiste
en esas tardes que nos llegaban
con sangre en la boca

No dejes de ser el espejo
que refleja la lluvia
desconocida por la muerte
Mi mollera todavía es tan
suave
como la palabra
amor
Y necesito saber que lo bendito
de nuestro naufragio también
tiene piel

Cuídame, y en canción tu carne
escribo

―――――

¿Quién vendrá a deshacer
lo que he hecho?

Al final, lo que haga la vida de mí
será un mapa que nadie podrá
leer

Solo por esta vez
deja que
mi presencia

sea
el poema
que no
quieres ver
y que no
quieres
escuchar

Como tú,
   yo también
   he nacido
   en este
   país
en esta tierra que ha bebido
más de mi historia
que de la tuya
Si mi piel oscura te aflige
     y si mis ojos oscuros te llenan
     de terror,
     entonces necesitas
     un nuevo testamento

———

¿Quién nos salvará?
Después de todo, hijo mío, no
     estabas planeado, no deberías
     estar aquí, se suponía que no
     debías interrumpir nuestros egos
Pero ya nada de esto importa

Las palabras no alcanzan
     los cultivos del fracaso
Anoche me abrasó la luz de todas
     las palabras que odio
Hay cosas peor que la muerte

         y aún así a la muerte le tememos
No hay palabra completa y tampoco
         ni una que me complete

En la última hora, cuando
         ya no podamos imaginarnos a nosotros
         mismos en este mundo,
         ¿quién estará allí para aplacar
         el anhelo que nos queda por
         lo que estamos dejando?

Desollarme para poder contarte
         las últimas palabras de mi padre

Mientras el desamor nos remoje
         la vida, siempre tendremos ganas
         de vivir un poco más

Estás a punto de entrar al umbral
         de un viento que no conoces,
         pero que conocerás y que a nadie
         podrás contarle

No sé quién escribe esta última línea

         ———————

Tan ajenos los minutos

Las horas palpables
y la línea que no quiere acabarse

También hay éxtasis en recordar
         el dolor

Lo que duele
   no se
   necesita
   para
   sentir
   la miseria
   de no
   saber
   el origen
   de nuestro
   nombre
¿Será todo
   lo que
   nos queda?
   ¿Recordar?

Esa noche no quise
      tocar tus manos porque
      me faltaba aliento
Me faltaba sentirme más
      absurdo

Menos poeta

Más animal

Menos mañana

——————

Bajo mi piel
      hay otra piel
      bajo mi rostro
      hay otro rostro

Para dientes, tornillos
Para corazón,
      un niño
Si quieres
      llegar a un acuerdo
      con tu humanidad,
      dirígete hacia
      el sur, hacia
      la frontera

Te darás cuenta
      que los muros existen
Que los malos gobernantes
      existen
Que la electricidad
      de los metales
      existe
Esas son muertes en marcha
      y no niños
Son puñados de sangre
      y no celdas mal
      hechas

Para un niño, un corazón
Para los tornillos, fuego

———

¿Quién ha dicho que los campos
      de concentración ya no
      existen?
¿Quién necesita un juicio
      cuando una imaginación rota
      nos juzga como inhumanos?
¿Después de esto, en dónde
      quedamos en la historia?

¿Quién vendrá a lavarme los pies
  para la crucifixión?
¿Quién vendrá por mi hijo
  y a qué campo de muerte será
  llevado?

¿Es cierto que los poetas exageran?

¿Quién es el que se asegura de
  que nuestra dosis diaria de
  sufrimiento sea repartida?
¿Por qué es que la
  misericordia está más cerca
  del infierno que del mar
  que conocemos?
¿De qué país
  provienen los nombres
  de los secuaces
  del odio?
¿Qué debo
  hacer para
  que también
  creas en mi
  mitología que
  respiro,
  que sangro?

―――――

Como navajita estirándose en el
  hígado
Este pesar
  que nos deja
  la memoria
  cuando
  desaparece

Así como
　　las personas
Así como
　　los perros
　　de nuestra
　　infancia
Así como
　　el deseo
　　de vivir

Se te mueren las manos
　　pero no el
　　calvario con
　　el que
　　escribes esta página

Se te muere se te muere se te muere

Siempre se te muere

Siempre se te muere
　　alguien

LOST LETTER

dies on you
dies on you
someone always dies
on you, you ask the sky
to wait and ask heaven
to swallow the storm
tomorrow lost its yesterday
and this is why
      you love
      how you love
      with rage

I hide your photo under a stone
unsure of what it means
a critic may claim I want
to forget you
I don't
but I do
happiness dies
on you, how easy
it is to say, "It dies"
your bed dies, too,
where we lived
everything, and it opened a window
for us to read the poems the
      clouds
      wrote on one another

I thank God
when the light died
      in the room where you said
      you missed me

Thank you

your father is sick
my mother dies
your memories die
in you, and you don't
remember where you wanted
to go, and I don't remember
why you came

––––––––

they die on you
the days die on you
undress and enter your bed
        smelling like earth
the afternoons lock you in
        a room where you've quit
        looking at yourself
        in the mirror
dislike yourself now
don't want anyone to phone you
to knock on your door
nobody calls, nobody touches you

into the sea you toss the novel
        you wrote
poems too
three hundred pages with her name
it wasn't a novel
it was a prayer, ribs cracked open
you don't forget her name
        though you never whispered it
        close to her ear
this is why you ask your mother
        to stop calling you baby, babe

you are at the edge of the void
but the void has no use
    when God no longer explains
doesn't talk to you like He did before
He abandoned you with you

and dies
rain dies when it touches
you, your steps die
the roads die under
    your shadow
I write to you with this ink

dying

———

with ink empty of letters
you and I know a good feeling
    never goes unpunished

I say this to you as it's been said to me
without fear
I only tell you about my most
    radiant oceans
you are the one who gets lost in the sadness
    of my entrails
firefly that never arrives
    to the night surrounding my life
I came to your love with two goodbyes
    between my legs

it's true
you heard me scream at the trees
you crimsoned me with moon

at that time, everything was important
even the mountains unaware
    of their existence
this is how mountains live, not knowing they exist
until the trees remind them of their shade
send their birds to say,
"Good morning"
the trees talk with the heads
    of their nests
the flowers with their water-bruised
    petals
and in the meadows, everything dies
the dew
dies on the wings
    of seagulls
on the wings
    of gulls that have
nowhere to go

    ——————

when you die, there will be more poetry
lies will look for lovers
there will be no war survivors
more hunger
more victims of hate
    more victims of love
~~there will be more poetry~~
everything is not love and everything is
even when we kill our neighbor
    with a stare
with our hate we say, "I love you"
with it, we say, "Jesus is my savior"
in our hate we dream of God

in our love, the hours turn
    to foam
with love we throw our enemies
    into the fire
with love oblivion roars
    and so does the flame
here, love is teething with hate
and so, we will die
    in different cities
in a land drowning with poems
    but empty of poetry

last night, I called my beloved
    by your name

————

last night I wanted to be honest
wanted to smear my soul with coal
    and tell the world, "Look at how I
    shine"
I wanted to call criminals by their true names
    and cage their nests
I wanted to crack open the door that opens infinity
wanted to provoke evil
    Say:"Here is my ear"
    "Here are my eyes"
    "Here is my passport"

my father is already in the den
    where angels lie to each other
and yours?
where's yours?
your father's hands still bloom
    with the land he didn't till

but he will die
I will die
you will die

stretch your hand and stroke
the scorpion I bring asleep
        on a branch
~~vast is your gaze,~~ your gaze is enough
like the first day of spring
or like the dawn that anoints itself
        on my neck
caress the poison in these words
put your fingers in your mouth
its gloam will tell you where I am from

————

I don't know where I was born
there is a paper that says I was born
        in a city
        with an unpronounceable name
I know there is a river nearby
and sometimes it's hard to know
        on which side of the river I stand

you told me you liked rivers
and I told you
        about the first time I killed
        a goldfinch
I carry his death still
even when I make love to you

you carry the memory
        of a nonexistent river
        because of your father
        for his drowning

so that his suffering may end
so that he stops looking at you
with the eyes
of a wounded deer

watch me bathe my mother
no, don't
let me close the window
watch me pay for sex
no, don't
I've never paid for sex
I don't want to be anyone's master
    or owned by anyone
    for having paid for love
some believe no one ever pays for love,
but listen—
one day you'll pay to see
    the world close its eyes

————

you pay to see the illuminated tiger
    through the hunter's eye
"Not a penny to grace my pockets,"
    old men used to say
now money comes easily
death cribs it under her tits
have you seen her?
death?
she likes beer and AK-47s

let me tell you how cold the mouth
    of a .45 feels on the forehead
it happened to me on an afternoon
    boiling with flies
but be patient,

if you have patience,
    I will tell you
    how death likes to fuck
and I will also tell you about the love
    that never arrived

poetry is evidence
    of love
pernicious bite
poetry is a grassy stream
    with twenty lifeless bodies
    one on top of the other
    a flower atop another
    a memory crushed by memory

poetry is an orphan
    arrives at my door asking
    for a father, a mother, a noose

enough

I don't know if it's your mouth that speaks
    or if it's the mouth
    of history

———

and so, years die
    and the hope you felt
    hope as young as you
    also dies
and your precise body
how to imagine any other?
after you nothing fits
    in my pulse
    nothing fits in the root

                of my brain

stay

go away

don't

I have seen your light give birth to fear
you, gazelle of my eyes, I have eaten
        the wolf's heart
        I have devoured your mouth's sea
stay if you want to get lost
        in the smoke of these months
I'm certain I'll lose you
        on the sidewalk
        that twists
        into a question mark

if you remain, I'm leaving
my heart remains a country
        of immigrants
remains a
hummingbird's tongue
I hope to bite into the music
        that escapes me
hope this last note finds
        the forgotten refugees
        you who rejoice with a piece
        of hard bread

multiplication is pointless
now you can't count the stars
        but you can count the hearts and likes
        of sick minds

———

can you hear the birds?
you can count the tweets
  of greed
  of pigs and cowards
you can count the tweets
  of cocksucking
  tyrannical
  subscribers

brother, turn off the light
  so we may talk
  with the dagger's edge

go fuck yourself
  in a tweet
fuck the language that can't
  reach you
fuck "I miss you"
fuck "tomorrow will be a better day"
fuck "time heals"
fuck the mother of all cages
police guns
fuck the death squads
their military boots
nightsticks
the nostalgia for better days
fuck my disappointments
fuck "maybe"
fuck the dark
fuck goodbye

———

it dies

whatever you search for dies
the fight dies in you

you forget to cross the border
you forget to go to Mexico
forget the weight
        of uncertainty
Mexico no longer remembers you
your compass, lost
you go north and your shadow goes
        south
sometimes you don't know where you are
        or why you are here
        or why you are there

on the table you leave a black plastic bag
        full of words, bleeding

forever dies in you
never dies on you
before you are born the only thing
that awaits you—death

don't raise your hand, they'll kill you

stay quiet

no, it's better to cry out
bellow yourself into two bodies
tell them you exist
        even if they don't believe you
announce you have documents
        with your name
this time you must break your jaw in two
        because it will always be hard
        for you to prove
        your existence

———

you were pregnant in my dream
I asked you if the baby would have
        a visa or a passport
        to enter this world
I woke up wanting to know the exact time
        of my birth
I woke up and watched you
        sleep
I listened
imagined the song of your ovaries
        heard
        your breath
        so smooth I wanted
        to wrap myself in it
I asked you if you wanted a son
        or a daughter
you told me you preferred a dog

I wanted to tell you that I didn't want
        to hurt you anymore
that it would be better if I left
you asked me to stay
and I stayed
and realized I didn't know
        why I was born
and so, we live like this—me like a horse
        ~~in a meadow full of mares~~
and you like a forest without a door
but one day you found a window
and you left a world you thought
        you wanted
        and entered another
        that you didn't know
        you wanted
and though I could've held on to you,

I didn't
and I started digging
a grave

———————

I hear a horse's neigh
night falls on the being I am not yet
I hear a dog bark
the bark and the neigh reach me
        from another country, another life
they have crossed oceans
mountains and skies that have no
        language

I refuse to say the word I thought
        I was
the years crawl in my blood
        and I already miss the being
        I'm becoming
        and hasn't arrived
I want to think that where I'm going
        there will be no borders
        no horizons
        no need for conscience

I get lost like a dog's bark in the night
like a horse's neigh
there is something vulnerable in me
        I haven't discovered
I will lose it
        just as I am losing you

nothing fills me as much
        as a hillside on fire

one day I will not be able to dream
and we will meet in a city
       where language
       won't recognize us
a city where we can get rid
       of our names

imagine: to be able to call each other
       with only our eyes
to be able to call each other
       with the desire born
       every time we touch the surface
       of our skin
to exchange our mouths
to exchange our hands
       so we can learn to touch

imagine: to be inside the other
       forever
if you leave, your hands stay
       with me
if you kiss someone else you will kiss
       with my mouth and not
       with yours
I don't want to leave my body
       anymore
I don't want to leave my body
       anymore and enter
       the dog's that doesn't know
       about illusions and has no interest
       in the future

it's easy to say I want to die
       but it's another thing to throw myself
out the window

———

to say: "I want to live alone
     till the next train arrives"
to say is just that: air,
breath rushing out of your lungs
still, the train will arrive
     and depart
and you will remain under the branches
     of the tree pissing its cancer

close your eyes and see how easy it is to see
     the moonlight
so easy to want to die and
     not arrive on time
the train goes to a destination familiar
     with absence
but what if I arrive on time?
what will the world, thinking
     it knows me, say?
what will my mother say
     if I die before her?
all my brothers live
no one wants to die before me,
     firstborn
no one wants to return to the earth's belly
     holding a black candle
     in their hands

I'll be the first to go
I don't know
I don't know how to recreate the nest
     I attached on the tallest of trees
the wind's hand erased it
     left me a map
        made of stars

here's a map that won't take me to you
I have illusions again because I know
      that with each passing day
       my eyes lose light
I will be completely blind one day
won't be able to hear
      the sea's roar
that's how I know it dies
what I touch and what touches me dies
iron and corn too
the buzzard dies also
      as does
      its flight

"I don't understand you," you tell me
"What do you mean?"
I answer that sometimes
      I don't understand the poem
it tells me one thing and two or three
      lines later changes its mind,
      tells me something else, or denies
      everything it said
sometimes it gets mad at me and wants
to fuck me up, it makes it clear

"Asshole," I say, and I tear it
      into little pieces so birds
      can carry them off in their beaks

some time ago a woman wrote me
      a poem
an abstract poem, with symbols
      that only a woman in love
      with a man
      who doesn't love her back
could decipher

she Facebooked me at three-thirty
    in the morning
the time doesn't really matter
    for you
but for me it does—it's the time
    I want to fall asleep, but I can't

I think I can't sleep because
    in my previous life I was a murderer
    a criminal
    a sociopath
I don't remember how I came to power
    but I arrived
after the first taste, I was
    hooked
how good it felt to move a finger
    move a city
move a city, fill my ego
the ego: a most demanding
    motherfucker

it wanted everything,
    everything
and little by little I started giving in
my ego and I best friends,
accomplices, inseparable

one day I proposed we gather
    in one place
    all who wronged us
    all we hated
my ego loved the idea, and
    we decided to have a party

———

it was the party of the year so everyone
        wanted to attend
mayors and governors arrived
            movie stars tv stars
            journalists reporters several priests
            pastors public intellectuals
            poets artists diplomats
            businessmen models heads
            of organized crime
            even a clown was there
            there were several
            Russians, one Chinese, three Germans
if memory doesn't fail me,
            prostitutes crashed the party, too
well, the point is that the party
            was a triumph
but soon the after-party began
my gang of brainwashed animals
            helped me with the torture
first, I fucked up
            the journalists
those bastards got their asses opened
            by the Judas cradle
            for talking shit about me
they begged for forgiveness

———

and they confessed every crime
        of their imagination
they told me that I was right, that all
        the news was false, a fucking fake wall of fake story, fake faces
I knew this but I wanted to hear them say it

now, before continuing
        with this story, I want you
        to remember
        that all of this happened
        in my previous life
or maybe several previous lives ago
the truth is, my ego no longer remembers

public intellectuals were the next in line
        to pay
we had those bastards beheaded
        for talking shit
then the poets
we ordered those sons of bitches to
        recite the *Iliad* by heart
and as soon as they made a mistake, we ordered
        them thrown into the bowels
        of an iron maiden
there was a lot of whining and weeping
but we didn't give two fucks

———

want to know what I did with strangers
        and immigrants?

Listen, I better not tell you
but I'll tell you this: the third time
        I sold my soul
        to the devil
        my father died

after, I got tired of haggling with him,
        I stopped my slyness so he could be
        kinged
and I told him,

"Keep everything,
keep the deserts
    and the brothels
keep the church
    of my childhood
keep my beloved's black stockings
        and keep the poems
        burning my tongue
keep my dead son's navel
        and the seeds we saved
for winter

"Son of a bitch," I told him, "keep
the morning star of my death
        and also keep the rope
        that couldn't hold
        my weight
keep everything," I told him,
        "because I still feel a stab wound
        right where the teenager I was
        was"

———————

but the devil doesn't interest me anymore

nor ego

to put out my fire, gasoline

to feel suicidal, a poem

I read a poet who writes
    long poems
    vast poems
    like the distance between

you and me
~~and I want to say something~~
~~like, "Last night I dreamed I ate~~
~~human flesh," say,~~
~~"No, don't worry,~~
~~I'm not a cannibal"~~

in the poem I want to write
    but that I haven't written yet
    you wash my feet
    without judgment like Christ washed
    the prostitute's
wash them tenderly as he washed the butcher's
    after fifteen hours
    of slaughter
you wash them with love
    as Christ washed the stones
    in the desert

and I ask myself if you still pray
    for me
yet you look down at my feet

tonight, eat your dinner, then, with the collective mouth
    of immigrant children
    who have died
    in the custody
    of the Border Patrol

————

it dies
it dies on you
the future lags behind
    like the memory of the house
    where I never grew up

I'm in a present
      that is never taking place

look at my arms
      not content
      with what they embrace

the world does not rise
      against me, only you do
that's why I want to see myself
      with your eyes
      so that I might know
      how it is to live with a disease
      you believe
      no one else has but you

lying in bed
      with arms crossed
      I hear the earth
      shoveled on me
I don't like how it feels
      to be forgotten

the future returns full of you, offers me
      a sheet of paper
      so that I might write
      a thousand times
      that I will die
and you, you will keep thinking
      the worst
      of me

———

I ask God to give me your pain
      that disease a heft on your soul
      a brick

I ask him to give me your thoughts,
>   the darkened ones that take you by the hand
>   toward the edge
>   of the river
you no longer have words for the world
>   that keeps
>   its silence

my God, bless me with the pain
>   of others
give me my neighbor's cancerous
>   tattoo
give me the undocumented
>   mother's fear,
>   whose light burns out
>   like the sun's behind the horizon
>   when she sees
>   the blinking lights
>   of a Border Patrol truck
my God,
>   make my day bright
>   by giving me the sadness
>   and the anguish
>   of that child
>   who has been
>   separated
>   from her parents

as a child, I know how it feels
>   to not have a father,
as a father, I know
>   how it feels
>   to be separated
>   from his child

————

Lord bless me
     with my mother's chronic pneumonia
     and with the terror she feels
     when one of her children
     steps out into the night
others have asked you this, Lord,
     but I ask you again
     to choose me as jester
     for your entertainment
     I'll make you laugh, Lord,
     make you cringe
     slang you

this is how it dies, Lord
this is how you die, Lord
this is no plea
it's my desire to kiss
     the skull of your mouth

I don't have the strength
     to lift the infinite
     of everything that dies

do you?

forget me, Lord,
     let me live
     between the legs
     of my beloved
give me time
     to appease
     her fears
     and overfill her
     with our children

life is so long that every five minutes
    I fall in love

———

every five minutes I am knocked up
    by love
and you, my love?
how many times
    have you
    been told
    love doesn't last?
you don't care about the duration of love
    but rather for the five minutes
    it adds to your life
you want a little more life
    because you've had days
    in which not even poetry
    can save you

white days
    with black
    stains
afternoons
    like beakless
        doves

afternoons when
    you forget
    everything
    and you wake

    to realize you drive
    against traffic

that's why I tell you: "Write now
        because the day will come
        when you won't be able to.

"Read now because the day your eyes
        forget the sound of letters
        will come"

look at your father: he forgets
        how to touch you
look at him, trying to read the book
        he wrote years ago
can't even hold it anymore

what's the point of writing
        your suicide note?
where to start?
if you say, "Don't blame anyone,"
        you lie
there will always be someone
        to blame
learn from the poets who write
        about the traumas that carry
        them and about the deaths
        they have lived
they write about how they penetrate
        and about how they are penetrated
to write the truth: this is what they want
truth, ready
        to flee, ready to pack its bags

I tell you: write because you
        also live with misfortune
that's what poetry is
from that rotten meat
from sewage

———

from slop water where ants
    swim
where decapitated heads
    shudder
where I spill out of myself to say
    I miss you
    just like my shadow
    spills against the wall

this world is hurt by the milk that does not let down
milk you don't swallow
wasted milk that drips
    into the fissures
    between two birthmarks:
    yours
    mine

I see the moonlight
    reflected in water
    and imagine
    this is how your kisses
    remain on my skin
find me again, my love,
    in that street where our years
    mingle into one age
find me again, my love,
in that city where the syllables
of our names are nothing more
than birds in flight
    and our flourishing
    lives become one
    breath

you slept in my arms and I woke
    in the country
    of your childhood

————

I woke up with more wrinkles
a bloody eye
a beer face
    numb feet
I woke up barking
    and you gorging
    me with your breasts

this is why I've forgotten
    how to talk to oxen
    sow the bitter seeds
    of these, our last hours

I no longer recognize
    the stamp
    of the sacred
    nor do I recognize how death
    hollows itself

and the worst part is that you don't care
    if you break like a glass
    full of scars

face it: you live on the surface of history
    unattractive to your favorite lover
doesn't matter if you're naked
    and your cock is smeared with honey
    or money bees no longer
    care to sting you
flies fly away from you

————

that's why it dies on you
    lightning

your obsession to live
longer than others

money dies in your hands
your hands die on the neck
    of your lover
doesn't matter if your wife
    leaves you
    and you become
    a scarecrow
    overseeing a field

do you remember how you kissed her
    feet, how you were unsure if it was time
    that changed or if the changed one
    was you?
now when she spits out a tooth
    she also spits out the taste
    of your phallus
doesn't hate you
has forgotten you

time plagues your face
    with decay
you leave the excrement
    of uncertainty on the table
    die against the wind
    leave your body
    on the bed, leaf
    leave even when the fly
    of your soul
    negates death

————

midday's horses die on you
    cities tattooed on your forearms

die on you, too
those you never visited
those cities heavier
    than the skull
    of a calf
your fingers, hardened
hardened as your beauty

but what beauty?

you ask your new love
    to slap you
deem her pure
    but not a saint
ask her to confess
    everything
    everything she could've been before
    she found you
you want to hear the jokes
    that made her laugh
know the size of the hands
    that held hers

brothers
"How many brothers do you have,"
    you ask
and she is silent, scratches you
    with the wound she lives
    to love you

————————

and so, without much thought
    she threatens you,
    "If you leave me, I'll tell your wife
    you fuck me
    whenever I want"

now I understand why you called me
    a son of a bitch
    the last time
    we saw each other

me, obsessed with my starched shirt
    and you, bored
    with God's admonishments
you're sick of God's good angels
    fucking with you

you don't pay the light bill anymore
    because you want
    continual darkness
endless dark like that other pure love
    that other pure love,
        not God's
that other love that existed in the fear
    you felt as a child

———————

you can fit your whole life
    in one sin
in a white glove
a serpent's kiss
who will save you from your marriage?
~~who will save your marriage?~~

your ego snaps out of your mouth
that's why you ride someone else's foal
you get muddy in its coat
dance on its cockhead
how many more steps
    to arrive at your death?

to reach yourself
    you slice
    all muscle
    off bone

sleeping nerve
this poem revealing itself and betraying itself
    with a cry
this time God keeps His silence
He is tired of existing

I must confess: God wrote me letters
    every day
    till one day
    the letters stopped

one night, an angel visited me in a dream
    and told me that his Lord
    could no longer do
    anything for me

———

from the south I bring a prayer
from the north, I bring a cage
    full of greed

go away

don't go

go away

don't go

you already know the state
        is looking for you
who is the state?
who gives the orders?
the orders to kill?
to suppress?
deport?
who is guilty?

you told me once
        that someone will always
        be guilty
there is always a victim
        and a beneficiary

who are you?
whose dead do you carry
        between your fingers?
with whose corpse do you open
        the door
        in the morning?

I don't want to be guilty, but I know
        I am
I don't want to be a victim, but your gallows
        are nailed
        to my back

        ———

there is a frequency I don't understand
beast interval
perspectiveless repetition
        causing pain

wait for me in sickness
    so that I can argue best

monochromatic your interior
    and even so I feed
    that place that no one
    visits anymore
fleshed out of bruises
    it takes advantage of us
    and teaches us
    the habit
    of betrayal

back then
    your brain smelled
    of tangerines
habit becomes habit
    and any promise you make
    is strange
    to fulfill

wait for me to wake at dawn
    come rest
    at the place
    where you bite off
    your face

———

the look on your face I love most
    is the one I haven't seen yet
the one you don't show me
the one aging beneath
    your grief

open yourself so that I can tell you
       I want to write a song
       that makes you fall in love
a song that travels to what
       I've never been
       and to what
       I will never be

I want for this song
       to reach someone
       in another continent
       another city
       and to fall in love
       with me at hearing it
       (you know who you are)

before I became I, I was a bone
       in your thoughts
you loved me, too
on those afternoons that came to us
with blood in their mouths

don't stop being the mirror
       that reflects the rain
       unknown by death
the word *love*
       is still as ripe
       as a baby's soft spot
I need to know that our blessed failures
       still have skin

Take care of me, and I'll write your flesh
       into song

who will come to undo
　　what I've done?

in the end, whatever life makes
　　out of me
　　will be nothing more
　　than a map no one
　　will be able to read

for this time
　　let my presence
　　be
　　the poem
　　you don't want
　　to see, the one you don't
　　want to hear

like you,
　　I, too,
　　was born
　　in this
　　country
in this land that has drunk
　　more of my story
　　than it has of yours
if my dark skin afflicts you
　　and if my dark eyes fill you
　　with horror,
　　then you need
　　a new testament

———————

who will save us?
after all, my son, you were not
    planned, shouldn't
    be here, you were not
    supposed to interrupt
    our egos
none of this matters

words can't reach
        the roots of our failure

last night, the light of the words
    I hate
    burned me
there are things worse than death
    yet we fear death
there's no word I can complete
    and neither one
    that completes me

in our last hour, when we can no longer imagine
    ourselves in this world, who will
    be there to placate the longing
    we feel for what leaves
      us?

flay me so I can tell you
    my father's last words

as long as heartbreak soaks our lives
    we will always want
    to live a little longer

you are about to enter the threshold
    of a strange   wind

you do not yet know
but that you will know
and will remain a secret in you

I can't tell you for sure who
writes this last line

————

unfamiliar, the minutes

palpable hours
and this line that doesn't want
            to end

there's ecstasy in remembering
            pain

whatever hurts us
            isn't necessary
            for us to feel
            the misery
            of not knowing
            the origin
            of our names
is this all
            that's left?
            memory?

I didn't want to touch your hands
            that night because
            I didn't have enough breath
to touch you,
            I needed to feel more
            absurd

less poet

more animal

    more yesterday

———

under my skin
    there is another skin
    under my face
    another face

for teeth, screws
for heart,
    a child
if you want to reach
    a compromise
    with your humanity,
    head south
    toward   the border

you'll realize walls
exist and bad rulers exist
    electric barbwire exists
    this is a death march not
        a child
these are handfuls of blood
    not cells
    badly made

for a child, a heart
for mad men
    fire

who said concentration camps
　　no longer exist?
who needs a trial
　　when a broken imagination
　　judges us as inhuman?
　　after this, where do we stand
　　in history?
　　who will come to wash my feet
　　for the Crucifixion?
　　who will come for my son
　　and to what death camp
　　will he
　　be taken?

is it true that poets exaggerate?

who is the one who makes sure
　　our daily dose
　　of suffering
　　is distributed?
why is it that mercy
　　is closer
　　to hell than to the sea
　　we know?
what is the country
　　of origin
of these henchmen
　　of hate?
what is it that I must do
　　so you believe
　　in the mythology
　　that I breathe,
　　that I bleed?

———

like a razor blade stretching
    in a liver
    so is this grief
    that memory
    leaves us when it
    disappears

    disappears

like the people we love
    like the dogs of our youth
    this desire
    to live

your hands die
    not the calvary
    guiding your hand
    on this page

they die, they die, they die

they die

they always die

they die on you

someone is always dying on

ACKNOWLEDGMENTS

The Rumpus, from "Lost Letter": "I hear a horse's neigh," "One day I will not be able to dream," "I ask God to give me your pain," "Lord, bless me."

ABOUT THE AUTHOR AND TRANSLATORS

Octavio Quintanilla is the author of the poetry collection *If I Go Missing* (Slough Press, 2014) and of *The Book of Wounded Sparrows* (Texas Review Press, 2024), which was longlisted for the National Book Awards. He served as the 2018–2020 Poet Laureate of San Antonio, Texas. His visual work has been exhibited in numerous spaces, including the Mexican Cultural Institute in San Antonio, the El Paso Museum of Art, the Southwest School of Art, the Presa House Gallery, the Brownsville Museum of Fine Art, and the Emma S. Barrientos Mexican American Cultural Center black box theater in Austin, Texas. Octavio is the founder and director of the literature and arts festival VersoFrontera and publisher of Alabrava Press. He teaches in the MA/MFA program at Our Lady of the Lake University in San Antonio.

Natalia Treviño is the translator of *Las Horas Imposibles / The Impossible Hours*. A poet and writer of fiction and nonfiction, Treviño is an assistant professor of English at Northwest Vista College in San Antonio, Texas, and holds an MFA from the University of Nebraska (2010). Her poetry collection, *Lavando la Dirty Laundry*, was published by Mongrel Empire Press in 2014, and her poems have also appeared in *BorderSenses*, *Borderlands: Texas Poetry Review, Houston Literary Review, Sugar House Review, Sliver of Stone, burntdistrict*, and *Voices de la Luna*. Treviño's fiction and nonfiction appear in *Mirrors Beneath the Earth: Short Fiction by Chicano Writers* (Curbstone Press), *Platte Valley Review*, and in the Wising Up Anthologies *Complex Allegiances: Constellations of Immigration, Citizenship, and Belonging* and *Shifting Balance Sheets: Women's Stories of Naturalized Citizenship and Cultural Attachment*. Born in Mexico City, Treviño has lived in San Antonio for most of her life.